Crédits des illustrations : Shutterstock © Olga1818, Miyu Nur, Alena Razumova, KanKhem, couverture / Fotolia © pixel107, gardes / Niwat singsamarn, p. 11 / BlueRingMedia, p. 13 / Lorelyn Medina, p. 18, 19, 21, 23, 40, 41, 45, 55, 58, 60, 93 / Teguh Mujiono, p. 22, 32 / yatate, p. 28 / yusufdemirci, p. 34 / Yayayoyo, p. 38 / PinkPeng, p. 49 / KanKhem, p.71 / matsabe, p. 75 / Caupona, p. 77 / Kozyrina Olga, p. 82 / bulatova, p. 87, 88 / Vertes Edmond Mihai, p. 89.

Direction de la publication : **Isabelle Jeuge-Maynart et Ghislaine Stora**
Direction éditoriale : **Aurélie Starckmann**
Édition : **Laure Sérullaz**
Lecture-correction : **Laurence Alvado**
Mise en page : **Les PAOistes**
Couverture : **Aurore Elie**
Fabrication : **Geneviève Wittmann**

ISBN 978-2-03-595338-4

Imprimé en Espagne par Unigraf
Dépôt légal : août 2018
321709/02 – 11040419 – Décembre 2018

LES MINI LAROUSSE

Les 50 règles d'or pour aider son enfant à se concentrer

Laura Caldironi

LAROUSSE
21 rue du Montparnasse 75283 Paris Cedex 06

Sommaire

CHAPITRE 1 / PRÉVENIR

CHAPITRE 2 / S'EXERCER

CHAPITRE 3 / ACCOMPAGNER

Se concentrer, ça s'apprend !

Jouer, communiquer, lire et écrire sont autant d'activités qui font partie de l'épanouissement de votre enfant et qui nécessitent qu'il apprenne à se concentrer. La concentration est la capacité à se consacrer à une tâche en faisant abstraction de son environnement. C'est une compétence qui se développe. L'enfant va progressivement apprendre à mobiliser son attention.

DÉVELOPPEZ LA CONCENTRATION DÈS LE PLUS JEUNE ÂGE

- Développez les facultés d'attention de votre enfant **dès sa naissance**, en favorisant sa **sécurité affective**, son **ouverture au monde** et en encourageant son **désir d'apprendre**. Ainsi, dès la naissance et durant toutes ses premières années, tout ce qui sollicite les sens de votre enfant contribue à son éveil.
- C'est en particulier à travers les **interactions avec ses parents** qu'un bébé développe le mieux ses

capacités d'action et de représentation du monde. Câliner son enfant, lui sourire, lui parler, partager des moments de complicité et jouer avec lui sont autant d'échanges quotidiens qui participent à son épanouissement et à son développement.

- La capacité de se focaliser sur une tâche augmente avec l'âge de l'enfant. Il n'est pas possible de demander à un enfant de 3 ans le même effort de concentration qu'un enfant de 8 ans... Les plus jeunes ont une mauvaise gestion de leurs ressources attentionnelles en fonction des priorités de la tâche. C'est autour de 10 ans que l'enfant parvient à mieux filtrer les distractions.

LE TEMPS DE CONCENTRATION MAXIMAL

10 minutes entre 2 et 4 ans ; 15 minutes entre 5 et 6 ans ; 20 minutes entre 6 et 10 ans ; 30 minutes à 10 ans ; 40 minutes à partir de 11 ans.

Ces temps sont indicatifs et peuvent varier d'un enfant à l'autre. **À retenir :** les difficultés de concentration ne sont pas une fatalité. Il est toujours temps de mobiliser et de favoriser la capacité de votre enfant à se concentrer.

Différenciez intelligence et concentration

Un enfant qui a des difficultés à se concentrer n'est pas un enfant bête. Il est important que parents et enfants distinguent difficultés de concentration et déficit intellectuel.

QUAND LE DOUTE S'INSTALLE...

- Difficultés scolaires, apprentissage de la lecture tardif, impossibilité de mémoriser une poésie... L'enfant qui présente des difficultés de concentration peut sembler en retard ou lent. Certains parents s'interrogent alors sur ses capacités intellectuelles.
- Et l'enfant lui-même doute et **perd souvent confiance en lui**. Objet de réprimandes, il a du mal à atteindre les objectifs que les adultes lui fixent. Difficile de dépasser les obstacles et de progresser lorsqu'on se sent nul et bête... Cette perte de l'estime de soi alimente son sentiment d'échec.

REDONNEZ-LUI CONFIANCE

Vous pouvez aider votre enfant à consolider sa confiance en lui en respectant quelques principes :

- **Valorisez l'effort et le travail** que votre enfant a fourni pour arriver au résultat (même si ce n'est pas exactement celui attendu).
- Pour avoir confiance, votre enfant a besoin que vous ayez avant tout **confiance en lui** !
- **Ne faites pas à sa place,** car il est capable d'y arriver tout seul à condition que les objectifs soient adaptés à son âge et à ses capacités.
- **Évitez les comparaisons**, car chaque enfant grandit et évolue à son rythme.

À RETENIR :

Certains enfants à Haut Potentiel Intellectuel, qu'on appelle souvent enfants « précoces » ou « surdoués », peuvent présenter des troubles de la concentration. Ils s'ennuient et se dispersent facilement, car ils sont absorbés dans leurs pensées. N'hésitez pas à consulter si vous avez des doutes.

Vérifiez sa vue et son ouïe

Nombreux sont les enfants qui semblent présenter des difficultés de concentration, mais qui souffrent en réalité de troubles de la vue ou de l'ouïe. L'enfant vit avec une déficience visuelle ou auditive souvent sans se plaindre malgré une altération de ses performances, et notamment de sa capacité de concentration. Il est indispensable de vérifier la vue et l'ouïe de votre enfant si vous constatez des difficultés de concentration.

VÉRIFIEZ L'ACUITÉ VISUELLE

La vision de l'enfant joue un **rôle très important dans son développement psychomoteur et dans ses apprentissages. 90 % de ce que l'enfant apprend est lié à ce qu'il voit !** Un enfant qui voit mal peut rencontrer des difficultés dans l'acquisition du langage ou présenter des problèmes scolaires (difficulté à apprendre à lire, dyslexie, inattention...). Or, **1 enfant sur 5** présente un trouble visuel. La vigilance s'impose et il est recommandé de **consulter un ophtalmologue dès la maternelle**. Un diagnostic précoce et une prise en charge adaptée permettent de corriger efficacement un défaut visuel chez l'enfant et d'améliorer son acuité visuelle.

VÉRIFIEZ L'AUDITION

L'audition est tout aussi essentielle au bon développement de l'enfant. La déficience auditive est le **déficit sensoriel le plus fréquent à la naissance** (1 nouveau-né sur 1000). Et 10,5 % des enfants deviennent malentendants entre 0 et 18 ans pour des raisons environnementales ou infectieuses (concert trop fort, otites sérieuses...). **La prise en charge précoce** des troubles de l'audition conditionne la bonne acquisition du langage et, à plus long terme, l'intégration sociale.

Neuf fois sur dix, ce sont les parents qui détectent un trouble d'audition chez leur enfant. Si votre enfant vous fait répéter régulièrement, s'il présente des retards de langage ou que vous constatez un déficit d'attention, n'hésitez pas à consulter un médecin ORL afin de dépister une éventuelle perte auditive.

RÈGLE 4

Distinguez attention et concentration

Ces deux facultés interviennent dans les mécanismes de compréhension et de mémorisation, mais à des moments différents.

L'attention permet **la perception et l'acquisition de l'information**. Elle témoigne de l'éveil de l'enfant, de sa capacité de se mettre en état d'attente, de réceptivité par tous ses sens. Vous pouvez demander à un tout petit de fixer son attention quelques minutes, mais pas de se concentrer. L'attention peut également être involontaire.

La concentration est sélective et volontaire. Il s'agit d'**orienter l'attention vers des informations sélectionnées**. Cela demande un effort sur une tâche précise. Lorsque votre enfant se concentre, il doit fermer ses sens à l'environnement extérieur pour percevoir dans sa pensée la tâche à accomplir avec le maximum d'intensité, favorisant par là même la mémoire et la réflexion.

Choisissez le bon moment

La capacité de concentration de votre enfant n'est pas la même tout au long de la journée. Elle fluctue en fonction de ses rythmes biologiques et de ses activités.

PRÉFÉREZ LE MILIEU DE MATINÉE ET LA FIN D'APRÈS-MIDI

Les études sur la vigilance montrent que les capacités cognitives sont plus ou moins performantes tout au long de la journée.

- La concentration est en général minimale en début de matinée et **elle augmente au cours de la matinée avec un pic vers 11 h.**
- Puis elle diminue après le déjeuner et **s'élève durant l'après-midi avec un pic vers 15 h à 16 h.**

LA BONNE ACTIVITÉ AU BON MOMENT

- Il est plus judicieux de repérer les pics de concentration de votre enfant et de lui demander d'accomplir les tâches qui lui demandent des efforts de concentration pendant ces phases de plus grande vigilance, et non lorsqu'il est **fatigué ou peu disponible**. Ainsi, il est préférable de proposer une **sieste ou un temps calme en début d'après-midi** et de privilégier **les activités physiques et sportives après 16 h**.

- Chaque enfant étant différent, ces données peuvent varier d'un enfant à l'autre. **Observez votre enfant et adaptez son rythme et vos demandes.**

NOTRE CONSEIL :

- Les devoirs doivent être faits de préférence au retour de l'école, après un temps de goûter et de jeux, sans avoir allumé la télévision ou l'ordinateur. Si vous tardez trop, votre enfant sera fatigué et le temps des devoirs prolongé.
- Le week-end, faites-les le samedi en fin de matinée. N'attendez pas le dimanche à 18 h, car il y a fort à parier qu'il sera peu disponible pour se concentrer.

Identifiez une concentration auditive ou visuelle

Pour assimiler et mémoriser, chaque enfant utilise plus ou moins l'un des deux hémisphères de son cerveau et cette dominante détermine des facultés spécifiques de concentration. Testez la forme de concentration de votre enfant pour mieux vous y adapter.

UNE CONCENTRATION PLUS VISUELLE

L'enfant qui se concentre davantage avec son **cerveau droit** préfère **les informations visuelles et a une appréhension globale des informations.**

- Il enregistre tout ce qui attire son regard.
- Il aime les explications concrètes et précises.
- Il est souvent plus à l'aise avec les disciplines littéraires et artistiques, mais se distingue parfois en géométrie grâce à sa pensée visuo-spatiale.

Il est donc préférable, pour améliorer la concentration de cet enfant, l'aider à apprendre et comprendre, d'utiliser des **stratégies visuelles**, comme travailler avec un tableau, des schémas, associer une idée à une image.

UNE CONCENTRATION PLUS AUDITIVE

L'enfant qui se concentre davantage avec son **cerveau gauche** préfère **les informations auditives et analyse les données avant de les mémoriser.**

- Il résout ses exercices par étapes, en allant du détail à l'ensemble.
- Il réfléchit avant d'agir et préfère avoir du temps devant lui.
- Il est particulièrement apte au maniement des symboles dans le langage, le calcul, l'algèbre ou encore la musique.
- Il possède en général de bonnes capacités d'abstraction.

Cet enfant comprend et apprend mieux avec les mots. Rationnel, il tire profit de toutes les **explications orales** qui lui sont proposées. Il préfère des explications courtes et synthétiques, car trop de détails l'impatientent.

Garantissez un cadre de vie sécurisant

Pour s'épanouir et grandir sereinement, votre enfant a besoin d'un cadre de vie sécurisant.

RANGEZ

- Votre enfant a besoin de **repères pour agir, se situer et se concentrer.**
- Montrez à votre enfant où va chaque objet ou jouet qu'il utilise et rendez-en l'**accès facile** pour lui.
- Encouragez votre enfant à **ranger** chaque jouet à sa place avant d'en sortir un nouveau.

ORGANISEZ

- Établissez des **règles de vie claires et précises** pour votre enfant.
- Transmettez-les oralement, mais aussi en les écrivant ou en les dessinant et en les affichant dans la maison.

Limitez son stress

Pour se concentrer, un enfant doit se sentir serein. Les facteurs de stress sont nombreux même pour les plus jeunes et perturbent leur capacité de concentration.

UN ENFANT STRESSÉ NE PEUT PAS SE CONCENTRER

- Le stress est une **réaction physiologique normale** de l'organisme pour s'adapter à différentes situations rencontrées au cours de la vie. Face à une situation stressante, le corps produit de l'adrénaline pour donner de l'énergie et du cortisol qui aide à calmer en augmentant le taux de glucose dans le sang.
- La sécrétion d'adrénaline ou de cortisol en trop grande quantité, face à une situation de stress trop importante, répétée ou qui dure longtemps, peut avoir des **répercussions sur le comportement de l'enfant :** perte de confiance, besoin de bouger comme pour se tenir prêt à attaquer ou fuir, agressivité et colère, difficulté à s'investir dans ce qu'il fait et troubles de la concentration.

MIEUX PRÉVENIR ET GÉRER SON STRESS

Petits stress quotidiens répétés, problèmes familiaux, stress parental, échec scolaire, enjeux de réussite sont autant de sources de stress pour les enfants.

- **Organisez votre quotidien pour réduire les facteurs de stress.**
- **Montrez l'exemple.** Votre enfant apprend en vous observant et en vous imitant. Plus vous serez détendu et plus il sera serein.
- **Jouez et consacrez du temps à votre enfant.** Le jeu permet de restaurer l'équilibre, de diminuer le stress et de resserrer les liens affectifs.
- **Accueillez les émotions et facilitez leur verbalisation.**
- **Encouragez votre enfant.** Valorisez ses progrès et sa persévérance.
- **Donnez beaucoup d'amour.** Les câlins, les bisous et les mots d'amour sont des ressources précieuses qui, grâce à la sécrétion de l'ocytocine, « hormone de l'amour », favorisent le retour au calme.
- **Favorisez l'activité physique.** Donnez l'occasion à votre enfant de se défouler et de se dépenser pour limiter son stress et évacuer ses tensions.

Respectez ses routines quotidiennes

Se lever et se coucher à heures fixes, s'installer au bureau pour faire ses devoirs... ces tâches répétitives, appelées des « routines », rassurent et sécurisent votre enfant. Elles lui permettent de se **situer dans le temps** et de se préparer à la suite des événements. Elles favorisent **l'acquisition de son autonomie** et en conséquence sa **confiance en lui**. Plus vous assurez à votre enfant des routines quotidiennes et une structure cohérente, plus il sera serein et disposé à se concentrer.

Pour l'accompagner, **définissez clairement les routines de votre enfant et aidez-le à apprendre à les respecter**. Vous pouvez, par exemple, réaliser un **tableau des routines du matin et du soir** de votre enfant. Il lui permettra de repérer les activités qu'il doit faire chaque jour avant de partir à l'école puis avant d'aller se coucher et de les reproduire automatiquement.

Ne surchargez pas son planning

Un enfant épuisé est physiquement et psychologiquement dans l'incapacité de se concentrer.

LIMITEZ LES ACTIVITÉS EXTRASCOLAIRES

Si votre enfant en a bien besoin, évitez la surstimulation au risque de l'épuiser et d'accroître son agitation. **Pas plus d'une seule activité extrascolaire avant 6 ans.** Puis se limiter à une activité sportive et une activité artistique **à partir de 6 ans.** Et **pas d'obligation** : l'enfant choisit son activité et, s'il ne souhaite plus y aller, ne le forcez pas.

Autorisez aussi votre enfant à avoir du **temps libre** pour se reposer, jouer, rêver et même s'ennuyer, il sera davantage disposé à se concentrer lorsqu'il en aura besoin. **L'ennui permet à votre enfant de puiser dans ses ressources, de créer un monde imaginaire et de découvrir sa créativité.**

RÈGLE 11

Veillez à la qualité de son sommeil

Le manque de sommeil perturbe la capacité de concentration. Le sommeil est primordial, car il a un rôle réparateur pour l'organisme et participe aux étapes d'apprentissage et de mémorisation. Un sommeil suffisant et de qualité est donc essentiel à la santé et au bien-être de votre enfant.

AIDEZ VOTRE ENFANT À MIEUX DORMIR

- **Pas d'excitant** (chocolat, boisson gazeuse) après 17 h.
- **Limitez les écrans** à partir de 18 h, car la lumière bleue (LED) qui en émane nuit à l'endormissement en modifiant la sécrétion de la mélatonine, l'hormone du sommeil.
- Évitez les **repas trop lourds et indigestes** avant d'aller se coucher.
- **Baissez les lumières** 1 heure avant l'heure du coucher et proposez une activité calme et relaxante à votre enfant (lecture, musique douce, coloriage...).

- **Aérez sa chambre** quotidiennement et veillez à ce que la température **ne dépasse pas 19 °C.**
- Couchez et réveillez votre enfant à une **heure régulière**. Plus vous respectez cette routine, y compris le week-end, plus son sommeil sera de bonne qualité.
- **Ritualisez le moment du coucher** pour aider votre enfant à se sentir en sécurité et à accepter de laisser le sommeil le gagner. Veillez à suivre étape par étape les rituels du coucher chaque soir : se brosser les dents, se laver les mains, s'installer dans son lit, lire une histoire, chanter une berceuse, faire un câlin…

RESPECTEZ LA DURÉE DE SOMMEIL RECOMMANDÉE

La durée recommandée de sommeil varie selon l'âge de votre enfant :

- **Entre 2 et 3 ans :** de 10 à 12 heures par nuit et une sieste de 2 heures.
- **Entre 3 et 6 ans :** 10 heures par nuit et une sieste de 1 heure.
- **Entre 6 et 12 ans :** 9 heures par nuit.

Chaque enfant a ses propres besoins et ces données indicatives sont **à adapter à chacun.**

Surveillez son équilibre alimentaire

Pour se concentrer, il faut que votre enfant soit bien nourri. Son organisme et en particulier son cerveau ont besoin d'un apport adapté en protéines, glucides et lipides pour bien fonctionner.

LE PETIT-DÉJEUNER

- Il doit d'abord être un **moment de plaisir** pour votre enfant. Évitez de le laisser prendre son petit-déjeuner tout seul, car c'est un temps de partage et de communication avec vous.
- Le petit-déjeuner doit contribuer à **25 % de l'apport calorique quotidien** et être équilibré, avec de préférence un produit laitier (yaourt, lait, fromage), des céréales (peu sucrées, tranches de pain complet...) et un jus de fruit ou un fruit.
- **Si votre enfant a peu d'appétit le matin**, proposez-lui de déjeuner sur le chemin de l'école ou lors de la collation de la matinée (gourde de compote, fruit, tranches de pain).

- **Évitez les barres chocolatées et autres sucreries** qui risquent de surcharger sa digestion et de l'empêcher de bien se concentrer.

LE DÉJEUNER

- Il doit contribuer à **30 % des apports caloriques** de la journée de votre enfant et doit être composé de féculents (pâtes, semoule, pommes de terre, riz...), de protéines (viande, poisson, œuf), de légumes, d'un produit laitier et d'un fruit.
- **Évitez un déjeuner trop lourd ou gras** qui perturberait la concentration de votre enfant durant l'après-midi.

LE GOÛTER

- Il est également un **repas essentiel** pour votre enfant. Après une journée d'école, il a besoin de reprendre des forces pour pouvoir notamment se concentrer sur ses devoirs. Il évite aussi les grignotages intempestifs jusqu'à l'heure du dîner.
- Il doit représenter **20 % des apports caloriques de la journée** de votre enfant et comporter un produit laitier et un fruit, éventuellement du pain et du chocolat.

LE DÎNER

- **Temps de convivialité**, le dîner est un moment privilégié d'échanges où vous pouvez inviter votre enfant à exprimer ses difficultés et l'encourager dans ses efforts.
- Il représente **25 % des apports caloriques** de la journée de votre enfant et est composé de féculents, de légumes, d'un produit laitier et d'un fruit (pas obligatoirement de la viande ou du poisson si votre enfant en a déjà mangé le midi).

À RETENIR :

- Si votre enfant mange peu à un repas, ne vous inquiétez pas, il se rattrapera aux repas suivants.
- Pensez à proposer de l'eau régulièrement, car pour être concentré votre enfant doit être hydraté. Évitez les boissons sucrées (jus, sodas, sirops) qui ne doivent être bues qu'occasionnellement.

Les aliments à favoriser et à éviter

Oméga-3, magnésium, fer, vitamines, zinc sont indispensables au bon fonctionnement du cerveau de votre enfant.

ALIMENTS À FAVORISER

- **Les poissons gras** riches en oméga-3, essentiels au fonctionnement des neurones et de la mémoire.
- **Les fruits et légumes frais** forts en vitamines et minéraux, indispensables au bon fonctionnement des cellules nerveuses du cerveau.
- **Les produits laitiers** qui renferment des vitamines B2 et B12.
- **Les huiles végétales** qui sont riches en oméga-3 et en vitamines. Privilégiez l'huile de colza, l'huile d'olive, l'huile de pépins de raisin, l'huile de noix... et variez leur utilisation.
- **Les céréales complètes** (pain, blé, riz, avoine, pâtes...) qui contiennent des glucides complexes, des vitamines B, du fer et du zinc.

- **Les fruits secs et oléagineux**, véritables concentrés d'énergie, ils sont riches en minéraux et en oligo-éléments, tels que le zinc, dont la carence peut être à l'origine de troubles de l'attention.
- **Le chocolat** riche en théobromine et en théophylline, substances qui stimulent le cerveau et antistress.
- **Le miel**, source de minéraux, d'oligoéléments (magnésium, potassium, cuivre...), de vitamines (B et C), qui procure bien-être et favorise la concentration.

ALIMENTS À ÉVITER

- **Les graisses saturées ou transformées** (charcuteries, beurre, chips...) qui sont néfastes pour les synapses du cerveau.
- **Les additifs alimentaires**, agents de conservation ou stabilisants, colorants, édulcorants...
- Les **excès de sucre** qui ont des effets négatifs sur la capacité de concentration et la mémoire.

À RETENIR :

Vérifiez si votre enfant n'a pas d'**allergies ou d'intolérances alimentaires** [lactose, gluten...], ce qui peut parfois influer sur l'attention et l'humeur.

Diminuez les stimulations extérieures

Constamment sollicités par les images et les sons des télévisions, tablettes ou téléphones portables, les enfants s'habituent à vivre dans le bruit et l'agitation. Pour favoriser la concentration de votre enfant, vous devez limiter les éléments de distraction dans son environnement qui peuvent venir le perturber.

L'attention fonctionne selon un système à deux niveaux :

- **Un système volontaire :** votre enfant dirige et maintient son attention sur un élément de façon consciente. Par exemple, lorsqu'il lit un livre ou qu'il colorie.
- **Un système automatique :** un élément extérieur vient stimuler mécaniquement l'attention de votre enfant en dehors de tout effort conscient. Par exemple, lorsqu'il fait ses devoirs et qu'un téléphone portable sonne et attire son attention.

Il est difficile, voire impossible, pour votre enfant de contrôler son attention et de résister à une réponse automatique de son cerveau face à une stimulation extérieure tels un bruit, l'agitation d'une personne ou même un parfum.

LIMITEZ LES DISTRACTEURS

- Les **distracteurs visuels** comme les écrans, les affiches, les tableaux, les suspensions... qui peuvent attirer son attention.
- Les **distracteurs auditifs** tels le fond sonore de la télévision ou de la radio et le téléphone portable qui parasitent sa concentration.
- Lorsque votre enfant doit se concentrer pour faire ses devoirs par exemple, évitez que ses frères et sœurs ne s'agitent autour de lui.
- Éloignez **les jouets ou autres objets**, y compris les fournitures scolaires tels les feutres, la colle ou les ciseaux qui peuvent lui donner envie de faire autre chose. Ne laissez à disposition de votre enfant que le strict nécessaire : une feuille et un stylo pour faire un exercice, ou seulement son cahier s'il doit apprendre une leçon.

Limitez la télévision

La télévision est un capteur d'attention qui surstimule votre enfant. Sans la bannir complètement de sa vie, vous devez encadrer et contrôler son utilisation.

LES DANGERS DE LA TÉLÉVISION

- Votre enfant semble calme et concentré lorsqu'il regarde, fasciné, la télévision. Il est en réalité en train de **fatiguer son système attentionnel** et les conséquences sont nombreuses pour le reste de la journée : énervement, perte de concentration, suractivité...
- De plus, lorsqu'un enfant passe du temps devant un écran, il ne le consacre pas **à bouger et à s'activer** physiquement. Même si votre enfant sautille et gesticule devant son jeu préféré, cela ne remplace en rien l'activité physique nécessaire à son développement psychomoteur.

ENCADREZ ET CONTRÔLEZ

- **Évitez toute utilisation d'écrans pour votre enfant de moins de 3 ans** qui a besoin d'être acteur, de jouer, toucher, manipuler les objets qui l'entourent.

- **Imposez des limites de temps** : 30 minutes d'écran par jour maximum pour les enfants entre 3 et 6 ans.
- **Accompagnez votre enfant** pour l'aider à comprendre ce qu'il regarde à la télévision et lui expliquer ce qui pourrait l'inquiéter.
- **Instaurez des moments et des lieux « sans télévision »**, comme les temps de repas ou dans la chambre à coucher.
- **Éteignez la télévision si personne ne la regarde** (en particulier pendant les devoirs). La télévision en fond sonore nuit à la concentration de votre enfant qui a des difficultés à filtrer les éléments de distraction.
- Veillez à limiter l'usage de la télévision **après 18 h,** car l'exposition à la luminosité dégagée par les différents écrans tient le cerveau éveillé en réduisant le taux de mélatonine, l'hormone régulatrice du sommeil.

Contrôlez l'utilisation des jeux vidéo et tablettes

Plus encore que la télévision, vous devez contrôler l'utilisation des consoles de jeux vidéo, tablettes ou encore téléphones portables. L'exposition à ces écrans exerce une influence négative importante sur sa capacité attentionnelle.

UNE CONCENTRATION NÉGATIVE

- Les jeux vidéo contiennent une **succession d'images rapides avec un niveau sonore important** qui crée des troubles de la concentration chez votre enfant.
- En passant rapidement d'une petite vidéo à l'autre sur YouTube par exemple, votre enfant met en place un comportement de « **zapping** » qui nuit à sa capacité attentionnelle.
- L'aspect répétitif des mouvements et la succession des images provoquent en réalité une **concentration négative**. Cette dernière se distingue de la concentration positive qui passe par les circuits du

langage et qui permet de comprendre et de créer.

- Lorsque votre enfant joue à un jeu vidéo, il produit de la **dopamine**, messager chimique lié à l'attention, au plaisir et à la motivation. Lorsqu'il cesse de jouer, il y a une chute de cette dopamine. Il est alors moins attentif, plus émotif et parfois même agressif.

RÈGLES À RESPECTER

- Limitez le temps d'utilisation des jeux vidéo ou de tablette à **30 minutes par jour,** et ce temps remplace celui de la télévision.
- **Sélectionnez les jeux vidéo adaptés à son âge** et évitez les jeux violents.
- **Évitez la présence d'écrans et de consoles dans la chambre de votre enfant** pour mieux contrôler leur usage.

NOTRE CONSEIL :

N'hésitez pas à utiliser un minuteur ou un sablier pour fixer la limite du temps de jeu ou d'écran afin de concrétiser la durée pour votre enfant et faciliter les transitions.

Favorisez les temps de calme

Votre enfant a besoin de pauses réparatrices pour s'apaiser et être en capacité d'apprendre et de se concentrer lorsque cela lui est demandé.

RITUALISEZ UN TEMPS CALME QUOTIDIEN

- Si votre enfant ne fait plus la sieste, proposez-lui chaque jour un temps calme de 1 heure environ en début d'après-midi. Cela répond à un **besoin physiologique de repos après le repas.**
- Invitez votre enfant à s'allonger pour se détendre, lire un livre dans son lit ou dessiner tranquillement.
- **Un temps calme ne veut pas dire « un temps devant un écran ».**

AMÉNAGEZ UN LIEU REFUGE

- Dédiez un espace **calme et douillet** dans votre maison réservé à votre enfant. Ce lieu doit être **propice à la détente** : un petit coin dans sa chambre avec des coussins et des nounours, un tipi...

Encouragez les activités physiques

Pratiquer une activité physique est indispensable pour l'équilibre et le développement corporel et psychomoteur de votre enfant.

- Les recherches démontrent que les **capacités attentionnelles sont supérieures** lorsque les tâches sont précédées d'activités physiques.
- Bouger permet d'augmenter l'apport en oxygène au cerveau et **stimule les fonctions cognitives**.
- Votre enfant a **besoin de sortir, de se dépenser, de sociabiliser avec d'autres enfants** pour pouvoir être disponible lorsque ses capacités attentionnelles sont sollicitées.
- La pratique régulière d'une activité physique permet à votre enfant de développer sa **coordination** et de mieux connaître **ses aptitudes et ses limites**.

Partagez des moments agréables

Votre enfant a besoin de se sentir aimé et sécurisé pour s'épanouir et utiliser ses capacités physiques et mentales. Pour être serein, son quotidien doit être ponctué de moments de partage, de rire ainsi que de petits et de grands bonheurs.

SON MOMENT PRIVILÉGIÉ

- Instituez chaque jour, en rentrant de l'école, **un temps privilégié** d'une durée de **10 à 15 minutes** (ou plus si cela vous est possible) durant lequel vous êtes **totalement disponible** pour votre enfant.
- Consacrez ce moment privilégié à **discuter, vous câliner ou jouer**. Laissez-le choisir l'activité qui lui convient : dessin, jeu de société, lecture, pâte à modeler, foot…
- Ce temps permettra à votre enfant de **tisser les circuits du langage, de l'écoute et de l'attention et consolide votre relation avec lui.**

- Ne préparez pas le repas en même temps, ne regardez pas la télévision d'un coin de l'œil et ne vérifiez pas vos emails sur votre téléphone. **Vivez pleinement ce moment avec votre enfant.**
- L'essentiel est la **régularité** afin que ce moment devienne ritualisé et ainsi sécurisant.

JOUER, RIRE ET SOURIRE

- **Jouez avec votre enfant et consacrez-lui du temps de qualité** : le jeu est un excellent moyen de l'aider à s'épanouir tout en développant notamment son intelligence émotionnelle. Il permet de restaurer l'équilibre, de diminuer le stress et de resserrer les liens affectifs.
- **Utilisez l'humour et le rire** : ce sont des outils indispensables qui aident à prendre la vie du bon côté, à réduire le stress et à dédramatiser.
- **Souriez à votre enfant** : le sourire a de nombreuses vertus. Un sourire, même forcé, agit sur votre stress et celui de votre enfant. Il permet aussi de passer plus facilement vos messages.

Favorisez le contact avec la nature

Forêt, plage, rivière, montagne, parc, jardin... La nature apaise votre enfant et favorise sa concentration, sa mémoire et sa créativité. Et rien de tel pour sa santé physique et psychique !

ACTIVITÉS EN PLEIN AIR

Autorisez et encouragez votre enfant à...

- **Jouer librement dans la nature :** marcher, courir, sauter, grimper aux arbres, se rouler dans l'herbe, nager dans la mer ou la rivière.
- **Explorer son environnement :** ramasser des fleurs, jardiner, collectionner des cailloux ou des coquillages, nourrir des chevaux ou des lapins.

LES BIENFAITS

- **Éveiller les sens :** le contact avec la nature éveille les sens de votre enfant, des atouts précieux pour la capacité de concentration. Proposez-lui d'écouter les bruits qui l'entourent et de sentir le parfum d'une fleur ou l'odeur de l'herbe mouillée.

- **Diminuer le stress :** les activités en plein air permettent d'évacuer les tensions et de s'oxygéner.
- **Développer l'autonomie et l'imagination :** votre enfant fera usage de son agilité, de sa force, de son équilibre, de sa créativité, découvrant l'étendue de ses capacités.

NOTRE CONSEIL :

Pratiquez avec votre enfant la **marche en conscience en pleine nature** : partez en balade avec lui dans un parc, un jardin ou une forêt. Proposez-lui de respirer profondément et de rester silencieux. Invitez-le à ressentir chacun de ses pas sur le sol et à écouter les sons et les bruits qui vous entourent (craquements, oiseaux, vent dans les arbres...). Cette activité favorise la concentration et la conscience du moment présent.

Proposez des jeux adaptés

Jouer, c'est s'amuser, mais aussi découvrir, explorer, observer, manipuler, communiquer, comprendre. Votre enfant **focalise son attention pour pouvoir jouer** et éveille sa curiosité.

Laissez-le **apprendre à jouer seul**, mais pas trop longtemps. Lorsque vous participez au jeu de votre enfant, vous enrichissez son vocabulaire, vous l'encouragez à réussir ses constructions et à exprimer ses émotions.

NOTRE CONSEIL :

- Évitez d'interrompre votre enfant en plein jeu, car vous risquez de le déconcentrer.
- Ne forcez pas votre enfant à jouer ou à finir un jeu. Le jeu doit rester un plaisir.
- Laissez ses jeux à disposition pour réveiller son envie.

Favorisez la lecture

Porte ouverte à toutes les connaissances, la lecture est indispensable dans chaque acte de la vie quotidienne et dans tous les apprentissages. Compétence essentielle à la réussite scolaire, elle favorise la mémorisation et la concentration. Lisez des livres à votre enfant dès son plus jeune âge pour lui donner le goût et la joie de la lecture et accompagnez-le dans chaque étape de son apprentissage de la lecture.

LES BIENFAITS

- La lecture permet de développer **la patience, la mémoire et la capacité de concentration**. C'est une aide précieuse pour apprendre à penser et à s'exprimer.
- Les livres permettent d'accéder à tous **les savoirs et à toutes les connaissances** accumulés au fil du temps : l'histoire, la poésie, les sciences… La lecture est aussi **source de plaisir**. Répétez à votre enfant que lire des livres c'est se plonger dans des univers merveilleux qui stimulent l'imaginaire. Lire, c'est découvrir, imaginer et partager.

LISEZ À VOTRE ENFANT

- Pour les plus jeunes, la lecture facilite **le développement du langage, éveille l'intérêt pour l'écrit et favorise l'acquisition de compétences** dont ils auront besoin plus tard pour apprendre à lire.
- Lire un livre à votre enfant lui permet d'enrichir son vocabulaire et de **développer sa capacité d'écoute et de concentration**.
- **Donnez une place aux livres dans la vie de votre enfant dès son plus jeune âge.** Proposez des imagiers colorés, des livres en tissus faciles à manipuler, des livres sonores. Emmenez-le régulièrement à la médiathèque ou assistez à une lecture de contes.
- **Créez un petit coin lecture** dans sa chambre ou dans le salon avec des coussins et une petite bibliothèque.
- **Profitez de la lecture pour passer des moments privilégiés de partage et de calme** avec votre enfant et favoriser ainsi son intérêt pour cette activité.
- **Intégrez la lecture dans la routine quotidienne du coucher.** Lire un livre à votre enfant avant de s'endormir lui permet de se détendre et de se sécuriser.

ENCOURAGEZ LA LECTURE

- **Valorisez et accompagnez** votre enfant dans chaque étape de son apprentissage de la lecture.
- Lorsqu'il commence à savoir lire, demandez-lui de vous faire la **lecture d'une histoire à voix haute.** Cette activité le motivera et l'aidera dans son apprentissage.
- Montrez à votre enfant **à quoi sert concrètement la lecture** : lire les panneaux de signalisation, une lettre de papi et mamie, une liste d'ingrédients… N'hésitez pas à lui écrire des petits messages qu'il pourra déchiffrer.
- **Laissez-le choisir les livres qui l'intéressent pour favoriser sa motivation.** Invitez votre enfant à vous raconter le contenu de ses lectures pour l'aider à mieux exprimer ses idées et discuter avec vous de sa compréhension de l'histoire.
- Mettez à sa disposition des **lectures de toutes sortes à la maison** : livres, bandes dessinées, magazines, journaux…
- Même lorsque votre enfant sait lire, **continuez à lui lire des histoires**. Moment d'intimité entre lui et vous, cette activité lui permettra également de comprendre l'importance que vous accordez à la lecture.

Oubliez la formule « concentre-toi »

La concentration ne se décrète pas, mais elle se favorise. S'il est une formule à bannir, c'est « concentre-toi », car l'enfant voudrait bien, mais il ne sait pas comment s'y prendre et a besoin de votre aide pour y parvenir. Et cet ordre inhibe au contraire ses capacités d'initiative et ses possibilités d'anticipation.

- Remplacez la formule « concentre-toi » par **« nous allons ensemble trouver une solution pour que tu puisses mieux te concentrer »**.
- **Évaluez** avec votre enfant ce qui l'empêche de se concentrer sur le travail à effectuer.
- Proposez-lui **une stratégie** pour qu'il puisse mieux se concentrer : faire une pause, apprendre avec un jeu, respirer…
- **Adoptez une attitude cohérente** : encouragez-le, ne dépassez pas son temps maximal de concentration et adaptez votre demande à sa disponibilité.

Formulez des consignes claires et courtes

Un enfant ayant des troubles de la concentration peut se heurter à des difficultés dans sa capacité d'écoute et de compréhension.

FAVORISEZ UNE ÉCOUTE ACTIVE

- Assurez-vous que vous avez sa **pleine attention**.
- Entrez en **contact visuel et physique** avec lui. Mettez-vous à sa hauteur, plongez vos yeux dans les siens et posez une main sur son bras, par exemple.
- Parlez **lentement et clairement** à votre enfant pour lui donner des instructions.
- Limitez-vous à **3 consignes** pour ne pas le noyer avec trop de demandes.
- Demandez-lui de **répéter** la consigne pour vous assurer de sa compréhension.
- Si votre enfant est en âge de lire, vous pouvez **écrire** la consigne et lui demander de la lire.

Fixez des objectifs précis et concrets

Incitez votre enfant dès son plus jeune âge à se fixer des objectifs et à les atteindre. Votre enfant s'investira pour atteindre son but et cela favorisera sa motivation, sa confiance en lui et sa concentration.

POURQUOI ?

- Si votre enfant se fixe un objectif, il produira les **efforts nécessaires pour l'atteindre**. La méthode des objectifs développe chez l'enfant le désir et la détermination.
- Se fixer des objectifs aide votre enfant à **apprendre à focaliser son attention, planifier ses actions, gérer son temps et à assurer un suivi constructif et motivant** de son travail ou de son activité.
- Lorsqu'il atteint un objectif, il **augmente sa confiance en lui**. Il se rend compte de sa capacité à surmonter les difficultés, à se dépasser et à réussir.

COMMENT ?

- **L'enfant doit se fixer lui-même ses propres objectifs.** Il est possible de l'accompagner dans son choix et de le conseiller sur celui d'un objectif réaliste.
- L'objectif doit être **atteignable et avoir un sens** pour votre enfant. S'il connaît la raison pour laquelle il agit, il sera plus motivé et n'aura aucun mal à fournir l'effort nécessaire pour fixer son attention.
- **Se limiter à un seul objectif précis et accessible** à la fois. Par exemple : « Je finis mes devoirs avant 18 h pour pouvoir jouer avant de dîner. »
- **Mettre en place une stratégie pour atteindre son objectif.** Lorsque l'objectif a été fixé, vous devez aider votre enfant à établir une stratégie pour arriver à son but.
- **Décomposer l'objectif en sous-objectifs.** Chaque étape de réalisation de l'objectif doit être simple et claire afin que votre enfant ne se concentre que sur une consigne à la fois.
- **Valoriser votre enfant lorsqu'il réussit à atteindre son objectif.** Prenez le temps de le féliciter et de lui expliquer en quoi cette réussite l'a fait évoluer et va lui être bénéfique.

Apprenez-lui à organiser son temps

Organisation et concentration vont souvent de pair. Votre enfant va progressivement apprendre à s'organiser et à gérer son temps. Cette planification est nécessaire à son épanouissement personnel et scolaire. Développez avec lui des stratégies pour y parvenir !

POURQUOI PLANIFIER ?

- La planification se définit comme étant **la capacité à organiser une série d'actions en une séquence optimale pour atteindre un objectif.**
- Un enfant **toujours en retard ou qui entreprend de faire plusieurs choses en même temps** se trouve dans l'incapacité de fixer son attention sur une activité précise.
- En apprenant à planifier, votre enfant peut accorder **différentes priorités** à ces activités, les réaliser **étape par étape** dans de meilleures conditions et mieux se concentrer dans leur réalisation.

- En organisant son temps, votre enfant **atteindra ses objectifs** plus rapidement, avec moins de stress et avec de meilleurs résultats.

COMMENT PLANIFIER ?

- **L'emploi du temps :** pour permettre à votre enfant d'organiser son quotidien, réalisez ensemble un emploi du temps de sa semaine qui inclut le temps scolaire, les devoirs, les activités extrascolaires, les actions qu'il doit faire, les temps de calme. Utilisez des supports visuels : autocollants, couleurs, pictogrammes. Affichez cet emploi du temps dans un endroit accessible et visible pour votre enfant.
- **Liste à cocher :** aidez votre enfant à organiser ses actions en mettant à sa disposition des listes à cocher. Cela l'aidera aussi à voir et valoriser le travail qu'il a accompli. Vous pouvez proposer une liste des routines du matin ou du soir, ou des actions à réaliser avant de faire ses devoirs...
- **Faire des choix :** expliquez à votre enfant qu'il n'y a que 24 heures dans une journée et qu'il doit apprendre à faire des choix. Aidez-le à établir ses priorités en fonction de leur importance et de ses intérêts : inviter un copain à la maison, faire du vélo, finir un jeu, faire ses devoirs...

Invitez-le à finir ce qu'il entreprend

Persévérer, ne pas se décourager, surmonter les obstacles... Autant de défis que votre enfant va devoir relever dans sa vie quotidienne et au cours de son parcours scolaire.

L'IMPORTANCE DE LA PERSÉVÉRANCE

La persévérance est la **faculté de poursuivre son objectif** malgré les difficultés et de se montrer tenace et déterminé devant les obstacles. Mais la persévérance et le goût de l'effort ne sont pas innés. C'est le **fruit d'un apprentissage qui se réalise au fil du temps**. Vous pouvez contribuer à cultiver cette qualité et soutenir votre enfant dans cet apprentissage **dès son plus jeune âge**. En apprenant à persévérer, votre enfant déploie son plein potentiel, prend conscience de ses capacités, consolide sa confiance en lui et devient autonome et responsable.

JE COMMENCE, JE TERMINE

- **Ne finissez pas à sa place :** c'est essentiel pour qu'il apprenne à maintenir son attention tant que cela est nécessaire, qu'il comprenne que l'effort ne peut venir que de lui et qu'il ne perde pas confiance en lui. Par exemple, s'il commence à ranger sa chambre tout seul, il termine tout seul.
- **Invitez-le à terminer une tâche avant d'en commencer une nouvelle :** votre enfant a besoin que vous l'accompagniez, car il n'a pas encore intégré la notion de temps. Aidez-le à persévérer dans une tâche précise : « Tu pourras jouer au ballon quand tu auras rangé ton jeu de société. »
- **Donnez-lui des responsabilités :** assignez à votre enfant des tâches à accomplir pour développer sa persévérance et son autonomie. Privilégiez des activités qui font partie de sa routine quotidienne comme mettre son goûter dans son sac à dos, préparer ses habits pour le lendemain matin, donner à manger au poisson…
- **Encouragez les activités nécessitant un effort à long terme :** inscrivez votre enfant à une activité sportive ou artistique choisie par lui qui lui permettra de développer le goût de l'effort et du dépassement. Expliquez-lui dès le début qu'il rencontrera

peut-être, en cours d'année, des difficultés ou des défis, mais qu'il pourra les surmonter. Si l'activité ne lui plaît plus, il pourra la changer en fin d'année.

- **Pratiquez le renforcement positif :** c'est une méthode qui permet de créer, maintenir et induire des conduites adaptées et d'améliorer l'image qu'il a de lui-même. Il est important de renforcer positivement les comportements de votre enfant en mettant en place des mesures les favorisant. Par exemple, fabriquez un tableau sur lequel votre enfant colle un autocollant à chaque fois qu'il termine une tâche difficile. Lorsqu'il a récolté 10 autocollants, il obtient une petite surprise.
- **Fractionnez les défis :** si votre enfant rencontre des difficultés à persévérer dans une tâche, divisez-la en plusieurs parties plus faciles à réaliser.
- **Montrez l'exemple en étant vous-même motivé, persévérant et positif face aux obstacles.** Prenez le temps de lui expliquer votre façon de procéder et comment vous avez trouvé des stratégies pour vous organiser. Et encouragez votre enfant à trouver ses propres stratégies !

Favorisez sa motivation

La motivation est le moteur qui pousse votre enfant à agir et qui lui permet de se projeter vers l'avenir. Votre enfant a besoin d'être motivé, que ce soit à l'école, pour ses loisirs ou dans la vie de tous les jours. Que la motivation soit générée par la curiosité, l'intérêt, le désir ou encore le besoin, elle conditionne en grande partie la concentration de votre enfant dans une tâche ou une activité.

LES MÉCANISMES DE LA MOTIVATION

- **Motivation extrinsèque :** une raison externe motive votre enfant telle qu'une menace de punition ou l'obtention d'un gain. Il agit sous une pression ou une promesse extérieure, voire une contrainte. Cette solution peut sembler efficace à court terme, mais elle n'est pas durable, car elle fait rarement naître l'envie ou le plaisir d'apprendre chez l'enfant.
- **Motivation intrinsèque :** votre enfant est guidé par l'intérêt, le plaisir, la satisfaction.

Il s'engage spontanément dans l'activité ou l'action. Vous pouvez l'aider à développer sa motivation propre par différents moyens et accroître ainsi son efficacité et son épanouissement.

L'IMPORTANCE DU PLAISIR

- **La notion de plaisir est primordiale :** l'attrait de la nouveauté, la satisfaction qu'il retire, la reconnaissance, le goût du dépassement de soi sont des éléments clés de la motivation.
- Votre enfant peut **trouver du plaisir** dans l'activité elle-même (j'aime apprendre les poésies), mais à défaut, il peut avoir la satisfaction de réussir ou le plaisir du travail accompli, ou même la fierté des efforts fournis (je suis fier d'avoir réussi à apprendre ma poésie).
- **Interrogez votre enfant :** ce qui est motivant et source de plaisir pour vous ne l'est pas nécessairement pour votre enfant. Échangez avec lui et tentez de comprendre ce qui le motive véritablement pour mieux l'accompagner.
- Vous pouvez **stimuler la motivation et le plaisir** d'apprendre de votre enfant en variant les manières de travailler : lancer des défis, imaginer des jeux ou inventer des histoires.

PAS DE PRESSION

- **La pression est contre-productive** : stress et pression sont des freins aux apprentissages et à la motivation. Si votre enfant est sous pression, il risque de ne pas se sentir en capacité de répondre aux attentes, de se décourager ou de se bloquer.
- **Favorisez sa confiance en lui** : si votre enfant a confiance en ses capacités, il sera davantage motivé et concentré pour entreprendre une tâche ou une activité. La confiance en soi est un cercle vertueux : plus on réussit, plus on a confiance en soi, plus on a envie de persévérer, plus on réussit... Faites confiance aux ressources de votre enfant, aidez-le à prendre conscience de ses forces et favorisez son estime personnelle.
- **Valorisez et encouragez votre enfant** : pour soutenir sa motivation, soulignez régulièrement ses progrès et ses efforts. Offrez-lui votre soutien ou vos conseils afin de faciliter la réussite de ses objectifs.

Reconnaissez ses émotions

Aidez votre enfant à comprendre et à exprimer ses émotions. Il sera plus en capacité de les gérer et donc de se concentrer. Le cerveau des enfants est immature. Il n'est pas en mesure de gérer l'ensemble des émotions qui affluent. Ils ont par conséquent des difficultés à contrôler et à maîtriser leurs réactions émotionnelles. Votre enfant a besoin d'être accompagné pour ne pas être envahi et débordé pas ses émotions, pour canaliser son énergie et pour apprendre à exprimer ses besoins.

COMPRENDRE SES ÉMOTIONS

- **Enseignez les émotions de base à votre enfant :** la joie, la tristesse, la colère, la surprise, la peur...
- **Aidez votre enfant à identifier et à comprendre ce qu'il vit.** Nommez les signes physiques que vous observez chez lui après un événement qui a suscité une vive émotion. Faites-lui remarquer le langage corporel associé à chaque émotion : sourire

quand on est heureux, sourcils froncés quand on est fâché, larmes quand on est triste, yeux grands ouverts quand on a peur.

EXPRIMER SES ÉMOTIONS

- **Questionnez votre enfant sur ce qu'il a ressenti.** Écoutez-le et faites preuve d'empathie.
- **Nommez l'émotion et cherchez son déclencheur :** « Tu es triste, car ta sœur ne veut pas jouer avec toi. »

JOUER AVEC LES ÉMOTIONS

- Proposez à votre enfant un jeu de découverte des émotions. **Mimez une émotion** en exagérant l'expression de votre visage et demandez-lui de deviner si vous êtes heureux, en colère, puis c'est à son tour de vous faire deviner une émotion. Ce petit jeu aide votre enfant à **prendre conscience de l'expression des émotions.**

Mobilisez tous ses sens

Dès la naissance, l'enfant dispose de plusieurs capacités sensorielles de base qui vont se perfectionner tout au long de son enfance. Les stimuli sensoriels jouent un rôle très important dans sa capacité de concentration et de mémorisation.

Votre enfant utilise tous ses **canaux sensoriels pour capter l'information** de son environnement, mais il doit savoir se concentrer avec le sens approprié à chaque type d'information.

- **La vue** : les activités visuelles sont transversales à tous les domaines d'apprentissage (apprécier une distance, regarder des images, lire un livre, explorer un objet…).
- **L'ouïe** : par l'écoute, votre enfant apprend à reconnaître des bruits et des sons et il accède au langage.
- **L'odorat** : le nez de votre enfant est capable de reconnaître des milliers d'odeurs différentes qu'il associe à des souvenirs.

- **Le goût :** les quatre saveurs de base, amer, acide, sucré, salé, permettent de reconnaître différents aliments, produits ou substances.
- **Le toucher :** votre enfant ressent ce qui entre en contact avec sa peau. Il peut tenir un objet dans la main, reconnaître une texture...

UTILISER SES SENS

- **Invitez régulièrement votre enfant à solliciter et à accueillir les sensations qu'il perçoit avec ses cinq sens.** Si vous vous promenez dans la campagne, proposez-lui d'observer les couleurs, tout ce qui l'entoure. Puis demandez-lui d'ouvrir grand ses oreilles pour écouter les bruits et les sons. Invitez-le à accueillir les odeurs et puis à toucher une feuille, le tronc d'un arbre...
- **Proposez à votre enfant d'utiliser ses sens pour apprendre et retenir une leçon :** aidez-le à déterminer sa préférence sensorielle, c'est-à-dire le sens qui lui permet de mémoriser le plus facilement. Si la mémoire visuelle lui paraît la plus facile, proposez-lui de surligner en couleur sa leçon et de l'observer avec attention, puis de fermer les yeux et de la voir sur son écran mental. Si la mémoire auditive est prédominante, invitez-le à lire à haute voix sa leçon ou à la chanter...

Proposez le geste magique

Pour aider votre enfant à se concentrer, appliquez la technique dite « geste signal » en sophrologie : aidez-le à trouver un geste qui lui permettra de mobiliser ses capacités et son attention. Proposez-lui de choisir un **geste discret et facile à réaliser en public,** et qui ne nécessite aucun accessoire, comme se toucher une oreille. Si vous avez repéré que votre enfant fait déjà régulièrement un geste particulier, encouragez-le à choisir ce geste-là, car il aura déjà plus de force.

S'ENTRAÎNER

- Invitez votre enfant à **fermer les yeux** et à faire son geste magique en respirant profondément et en relâchant tout son corps de la tête aux pieds.
- Rappelez à votre enfant qu'il peut utiliser son geste magique **à l'école** à chaque fois qu'il en a besoin ou envie. **Plus il utilisera son geste magique, plus il fonctionnera.**

Créez sa bulle de concentration

Apprenez à votre enfant à se mettre dans sa bulle afin qu'il puisse mieux se concentrer et s'isoler des sources de distractions extérieures.

- Proposez-lui de se mettre debout, les jambes légèrement écartées et les pieds bien enfoncés dans le sol. Invitez-le à lever les bras vers le ciel et à dessiner, en descendant doucement les bras, **une grande bulle autour de lui**. Refaites-lui faire l'exercice plusieurs fois en y associant si possible une inspiration en levant les bras et une expiration en les descendant.
- Expliquez-lui que **l'espace dessiné avec ses bras lui appartient**, que rien ni personne ne peut le déranger. Lorsqu'il a besoin de se calmer et de se concentrer, encouragez-le à commencer par dessiner sa bulle de concentration avec ses bras avant de débuter l'activité.

Établissez un rituel de la concentration

• Proposez à votre enfant de s'installer confortablement sur une chaise. Les jambes sont décroisées, les pieds à plat bien ancrés dans le sol. Proposez-lui ensuite de respirer profondément 3 fois de suite. Invitez-le maintenant à **se mettre dans sa bulle de concentration** (règle 32). Il peut **imaginer un grand interrupteur** sur lequel il appuie pour réveiller sa concentration et mobiliser toutes ses ressources attentionnelles. Il peut également utiliser son geste magique pour se concentrer (règle 31).

À RETENIR :

Pour être efficace et créer un automatisme, **ce rituel doit être de courte durée mais répété systématiquement**. Plus le rituel sera utilisé, plus le corps mémorisera son déroulé créant un réflexe de concentration.

Encadrez ses devoirs

Le temps des devoirs cristallise souvent les tensions et les inquiétudes quant à la capacité de concentration de son enfant. Accompagnez votre enfant et réunissez les conditions propices.

LA ROUTINE DES DEVOIRS

Établissez une routine pour les devoirs en les faisant avec votre enfant **à la même heure et au même endroit chaque jour** pour qu'il se repère plus facilement.

- **Le bon moment :** les devoirs doivent être faits de préférence au retour de l'école, après un temps de goûter et de jeux, sans avoir allumé la télévision ou l'ordinateur.
- **Le bon endroit :** veillez à ce que l'ambiance soit calme et si possible dans un coin isolé.
- **Le bon matériel :** regroupez le matériel dont votre enfant a besoin pour ses devoirs et limitez-vous au strict nécessaire pour qu'il ne se disperse pas ou ne soit pas distrait par une paire de ciseaux ou un feutre inutile.

GÉRER LE TEMPS ET SANS PRESSION !

- **Préférez la qualité à la quantité** : le temps des devoirs ne doit pas dépasser la durée maximale d'attention de votre enfant (entre 30 et 45 minutes).
- **Planifiez les devoirs** en les divisant en plusieurs parties à faire à des moments répartis dans la journée ou le week-end.
- **Amenez-le à visualiser son objectif** : votre enfant éprouve probablement des sentiments négatifs tels que de l'angoisse ou de l'ennui lorsqu'il fait ses devoirs. Invitez-le à penser aux sentiments qu'il ressentira une fois ses devoirs terminés, comme la fierté, le soulagement, la joie.
- **Valorisez les progrès et les efforts** : terminez chaque séance de devoirs par un récapitulatif des nouvelles choses apprises, des choses comprises, de la quantité d'exercices réussis.

NOTRE CONSEIL :

Votre enfant a peut-être **besoin de bouger pour canaliser son énergie et mieux se concentrer**. Il peut alors manipuler un objet tel qu'un peu de pâte à modeler ou une balle antistress.

Encouragez et valorisez

L'enfant qui a des difficultés à se concentrer peut parfois se sentir découragé, démotivé et perdre confiance en lui. Votre enfant a besoin d'être encouragé et valorisé régulièrement.

- **Évitez de porter un jugement de valeur** sur votre enfant ou de le dénigrer. Cela nuit fortement à sa confiance en lui et l'enferme dans une **définition négative de lui-même.**
- **Évitez également les faux éloges ou la surenchère de compliments** qui le rendent dépendant de l'approbation de l'adulte et perdent rapidement en crédibilité.
- **Évitez enfin les comparaisons** avec d'autres enfants.
- **Plus que les résultats, valorisez les efforts et le travail** que votre enfant a fourni. Les encouragements insufflent **force et confiance en lui.** Ils l'aident à garder une bonne image de lui-même et le stimulent dans la poursuite de ses efforts.

Pratiquez des positions de yoga

Le yoga est une pratique ancestrale qui associe mouvements du corps et respiration. Pratiqué de façon ludique avec les enfants, il favorise l'apaisement corporel et émotionnel, et renforce les capacités d'attention et de concentration.

LES BIENFAITS

- Le mot « yoga » signifie « union ». Avec la pratique simple de postures, votre enfant va développer l'**unité corps-esprit**. Les apprentissages et la concentration sont d'autant plus facilités que le corps et l'esprit se développent en harmonie.
- La pratique régulière du yoga permet à votre enfant de se **centrer sur lui-même, de canaliser son énergie et de trouver le calme intérieur.**
- L'enchaînement des postures améliore **la souplesse et le sens de l'équilibre,** renforce les muscles et aide votre enfant à **mieux se concentrer.**

LES POSITIONS

- **Le chat :** proposez à votre enfant de se mettre à quatre pattes, mains et genoux écartés de la largeur des épaules et des hanches. Le dos bien droit, en regardant le sol. Invitez-le ensuite à inspirer et, en expirant doucement, de faire le dos rond, en rentrant son ventre et en regardant son nombril. Répétez plusieurs fois l'exercice. Cette posture relâche les tensions du dos et du cou.
- **Le chien :** invitez votre enfant à se mettre à quatre pattes, mains et genoux écartés de la largeur des hanches. Il doit ensuite tendre progressivement les jambes et soulever les fesses en inspirant. Les jambes et les bras doivent rester bien tendus et la tête regarde le sol. Cette posture étire les épaules et renforce les bras et les jambes tout en augmentant l'afflux sanguin dans le cerveau.
- **La grenouille :** proposez à votre enfant de se mettre debout, les jambes écartées. Puis invitez-le à s'accroupir en pliant les jambes de façon à venir poser les mains sur le sol devant lui. Il doit respirer calmement et, s'il le souhaite, il peut sauter comme une grenouille sans décoller les mains du sol. Cette posture assouplit les hanches et les genoux.

- **Le cobra** : invitez votre enfant à s'allonger sur le ventre, le front sur le sol, et à prendre appui sur les avant-bras, les mains à côté de son visage. Puis il doit, en inspirant, relever la tête et décoller le torse en poussant sur ses mains et en regardant le ciel. En expirant, il revient à la position initiale. Assurez-vous qu'il a bien les jambes et le bas du ventre collés sur le sol. Cette posture muscle le dos et masse le ventre.
- **Le papillon** : proposez à votre enfant de s'asseoir, les genoux fléchis et les jambes ouvertes de chaque côté en gardant les plantes de pieds l'une contre l'autre. Le dos est bien droit. Invitez-le ensuite à respirer profondément et à faire bouger ses jambes pliées de haut en bas comme les battements d'ailes du papillon. Cette posture va aider votre enfant à tenir son dos droit.

- **L'enfant** : invitez votre enfant à se mettre à genoux et à s'asseoir sur ses pieds avec les gros orteils qui se touchent. Puis il se penche en avant de façon à venir poser son front sur le sol devant lui.

Demandez-lui d'étendre ses bras derrière lui et de tourner les mains vers le ciel. Invitez-le à fermer les yeux et à respirer calmement plusieurs fois. Cette posture assouplit le dos, ralentit le rythme cardiaque et permet une détente profonde et une sensation de sécurité.

À RETENIR :

- Ces séances de yoga doivent être un **moment de partage et de bonheur d'une durée variable** en fonction de l'âge de votre enfant et de son humeur (de 5 à 20 minutes).
- Essayez de ritualiser ces séances, en les faisant au même endroit, si possible une pièce calme, **une ou deux fois par semaine** par exemple.
- Invitez votre enfant à enchaîner lentement les postures au rythme de sa respiration **en écoutant son corps** et sans forcer, juste pour le plaisir du mouvement.
- **Faites les postures avec votre enfant** et invitez-le à imiter les sons des différents animaux pour que ce soit encore plus ludique !

Aidez-le à se libérer

Mal au ventre, boule dans la gorge... Votre enfant est peut-être tendu ou préoccupé. Ces tensions sont néfastes pour son équilibre et pour sa capacité de concentration. Vous pouvez l'aider à en prendre conscience et à évacuer ses tensions.

LES TENSIONS PHYSIQUES

1/ Demandez à votre enfant de se mettre debout et d'imaginer qu'il y a de gros nuages noirs devant lui. Proposez-lui d'inspirer fortement par le nez, puis de retenir l'air et de **contracter tous les muscles** de son corps pendant quelques instants : mâchoire serrée, poings serrés, orteils recroquevillés, abdominaux tendus, grimace du visage.

2/ Puis invitez-le à expirer de toutes ses forces comme s'il voulait **chasser les nuages avec son souffle**. Encouragez-le à **relâcher tout son corps**, à décontracter tous ses muscles et à observer ses sensations. Il peut renouveler le jeu jusqu'à ce que tous les nuages aient disparu. Cet exercice, basé sur des mouvements de **contraction-décontraction,** permet à votre enfant de se détendre en lui faisant prendre conscience des tensions qui crispent son corps et en l'aidant à s'en libérer.

LES TENSIONS MENTALES

1/ Invitez votre enfant à s'installer confortablement et à fermer les yeux. Demandez-lui d'imaginer qu'il tient entre ses bras un grand récipient comme une poubelle qui va lui servir à se débarrasser de tous ses soucis, peurs ou pensées négatives qui l'empêchent de se concentrer ou d'être pleinement heureux.

2/ Proposez-lui de **les jeter avec sa pensée** dedans. Elles peuvent prendre la forme d'objets, de couleurs, de mots... Puis demandez-lui de refermer hermétiquement le récipient pour que rien ne puisse en ressortir et de le jeter très fort le plus loin possible de lui.

NOTRE CONSEIL :

Vous pouvez inviter votre enfant à se libérer de ses tensions à divers moments de la journée : le matin avant de partir à l'école s'il est anxieux, au retour de l'école, avant de faire les devoirs...

Apprenez-lui à se relâcher

Pour être concentré, votre enfant a besoin d'être détendu et relâché. Une meilleure connaissance et perception du schéma corporel, c'est-à-dire de la représentation de son corps, va lui permettre d'établir les limites de son corps et de mieux gérer son agitation corporelle.

DÉCOUVRIR SON CORPS

- **Choisissez une balle :** balle de tennis, balle de massage, balle antistress, petit ballon. Proposez à votre enfant de s'installer confortablement et de faire rouler tout doucement la balle sur son corps en commençant par la tête et en descendant progressivement sur les épaules, les bras, le buste, le ventre, les jambes et en terminant par les pieds.

- Aidez-le à **prendre progressivement conscience de son corps** et des sensations de détente.

RELÂCHER SON CORPS

- Invitez votre enfant à s'installer confortablement et à fermer les yeux. Demandez-lui d'imaginer qu'il y a au-dessus de lui **un grand soleil qui brille**. Les rayons du soleil réchauffent agréablement son corps et l'aident à se détendre. Demandez-lui de bien les sentir sur son visage. Ses mâchoires se desserrent. Puis sur son buste. Sa respiration devient plus calme et plus lente. Les rayons du soleil détendent également ses bras qui deviennent mous, puis son ventre et il sent tout son ventre qui se relâche. Enfin, les rayons du soleil viennent l'aider à détendre les jambes jusqu'au bout des orteils.
- Expliquez-lui qu'il peut **faire appel à son soleil** à chaque fois qu'il en a besoin.

NOTRE CONSEIL :

Proposez à votre enfant de **dessiner ce qu'il a ressenti dans son corps** pendant l'exercice de relaxation afin de lui permettre de prendre davantage conscience de ses ressentis et de mieux les exprimer.

Aidez-le à mieux respirer

La respiration est un outil précieux pour mieux maîtriser les émotions. Aidez votre enfant à découvrir sa respiration et à utiliser des exercices simples et pratiques pour favoriser son bien-être et sa capacité de concentration.

EXERCICES DE RESPIRATION

- **La respiration koala :** prenez votre enfant dans vos bras et enveloppez-le comme un koala. Respirez calmement, lentement et profondément en étant à l'écoute des sensations de votre corps. Votre enfant va naturellement synchroniser sa respiration avec la vôtre et s'apaiser. Cette respiration, qui peut être réalisée à tout âge dès la naissance, permet de renforcer les liens avec votre enfant et de le rassurer.

- **La respiration du ballon :** invitez votre enfant à s'allonger sur le dos et à positionner ses mains sur son ventre. Demandez-lui d'inspirer en gonflant le ventre comme si un ballon se gonflait dans son ventre, puis d'expirer doucement en appuyant légèrement avec ses mains sur son ventre pour faire dégonfler le ballon. Cette respiration abdominale contribue à la détente et au bien-être.
- **La respiration de la paille :** demandez à votre enfant de fermer les yeux et d'imaginer qu'il tient une paille près de sa bouche. Il inspire et puis il expire lentement un filet d'air par la bouche, en serrant doucement ses lèvres, comme s'il soufflait dans la paille. L'expiration doit être la plus longue possible jusqu'au bout de son souffle.
- **La respiration au carré :** proposez à votre enfant de dessiner un carré sur une feuille. Puis il pose son doigt sur l'angle en bas à gauche du carré et il suit le premier côté du carré vers le haut en inspirant, il parcourt le côté horizontal en haut en gardant les poumons pleins et en suspendant son souffle, il descend le troisième côté vertical en expirant, puis il suit le quatrième côté en bas pour revenir au point de départ, poumons vides, en suspendant son souffle. Il continue ainsi de suite.

Apprenez-lui à visualiser

La visualisation mentale a pour bienfaits d'aider à éliminer les pensées parasites, d'améliorer la confiance en soi et de stimuler les capacités d'imagination et de motivation. En apprenant à votre enfant à visualiser, il va également s'entraîner à mobiliser ses capacités de concentration sur une seule chose à la fois.

LES IMPACTS SUR LE CERVEAU

- La visualisation invite l'enfant à solliciter et développer ses **cinq sens** et a un impact sur de **nombreux processus du cerveau** tels que l'organisation, la mémoire, la motricité, l'attention, la perception, le stress.
- Les chercheurs ont découvert que les mêmes parties du cerveau sont activées lorsqu'une personne imagine quelque chose et lorsqu'elle le vit, ce qui est précieux pour **favoriser les apprentissages**.

EXERCICES

- **Visualisation d'un fruit :** proposez à votre enfant de s'installer confortablement et de fermer si possible ses yeux. Demandez-lui d'imaginer maintenant qu'il y a devant lui un fruit de son choix. Il doit l'observer dans tous ses détails. Guidez-le en lui suggérant de bien regarder la forme du fruit, sa couleur, sa texture. Il peut tourner le fruit pour le regarder du dessus, du dessous, sur les côtés. Invitez-le à sentir l'odeur du fruit et même à le goûter pour en sentir sa saveur. Puis, lorsqu'il le souhaite, votre enfant peut ouvrir les yeux.
- **Visualisation positive :** elle permet de se projeter positivement dans sa vie afin de **mieux formuler son objectif et l'atteindre**. Pour aider votre enfant à apprendre à se concentrer, vous pouvez l'inviter à faire une visualisation de lui-même en train de travailler. Dans une position confortable, il va fermer les yeux, puis se voir tranquillement installé à son bureau à l'école et faisant un contrôle. Guidez votre enfant en lui précisant qu'il se sent très calme et bien concentré. Toute son attention est dirigée vers son travail. Rien ne le distrait. Puis après un petit temps de pause, proposez-lui d'ouvrir les yeux.

Encouragez-le à s'automasser

Nombreux sont les bienfaits des mouvements de massage. Ils permettent à votre enfant de se centrer sur son corps et de favoriser sa détente.

- Invitez votre enfant à se masser **le cuir chevelu** avec le bout des doigts comme s'il se faisait un shampoing, puis à se masser **le visage** en faisant des petits **mouvements circulaires** : front, tempes, joues, autour de la bouche, des oreilles, et enfin la nuque.
- Montrez-lui comment se masser doucement **le ventre,** avec sa main à plat et en réalisant des mouvements circulaires **dans le sens des aiguilles d'une montre**.
- Proposez-lui de se frotter doucement les mains l'une contre l'autre, puis de masser **chacun de ses doigts** en faisant rouler le doigt entre le pouce et l'index de l'autre main. Il peut aussi dessiner dans sa paume des spirales avec le pouce de l'autre main. Qu'il n'oublie pas de changer de main !

Créez des mandalas

« Mandala » signifie « dessin centré » en sanskrit. Il désigne plus largement un **diagramme composé de cercles** et pouvant inclure des formes géométriques ou des formes diverses (animaux, lettres, etc.) plus ou moins symétriques, élaborées autour d'un point central. Créer et colorier un mandala est une activité qui va aider votre enfant à focaliser son attention, faire le calme en lui et développer sa concentration.

COMMENT ?

- Imprimez l'un des nombreux exemplaires de mandalas disponibles sur Internet ou proposez à votre enfant de créer son propre mandala en dessinant plusieurs cercles de tailles différentes et des formes simples à l'intérieur de chaque cercle (cœurs, étoiles, triangles, cercles, etc.). Votre enfant va commencer par **colorier entre les bandes extérieures, puis progresser vers le centre du cercle**. Veillez à ce qu'il colorie un cercle entier avant de passer au suivant.

Des spirales pour se centrer

Inspiré de la méthode créée par le médecin suisse Roger Vittoz, l'exercice des spirales oblige l'enfant à s'installer dans le présent et à mettre en synergie le corps et l'esprit.

VOTRE ENFANT PEUT S'EXERCER...

- **En dessinant :** proposez-lui de dessiner au milieu d'une feuille blanche une spirale en commençant au centre puis en allant vers l'extérieur. Vous pouvez, pour les plus jeunes, dessiner vous-même la spirale et proposer à votre enfant de repasser sur le trait.
- **Avec les bras :** demandez-lui de s'installer confortablement et de dessiner une spirale de l'intérieur vers l'extérieur dans l'espace, comme s'il tenait un crayon invisible, avec un bras et puis l'autre, en respirant doucement.
- **Mentalement :** invitez-le à fermer les yeux et à visualiser la spirale dans sa tête.

Exercez sa mémoire visuelle

Vous pouvez entraîner la mémoire visuelle de votre enfant et favoriser sa concentration grâce à des petits exercices simples et ludiques.

ÉCHAUFFEMENT DES YEUX

- Proposez à votre enfant de fermer les yeux **en contractant fortement les paupières** pendant 5 secondes, puis de **les écarquiller** au maximum 5 secondes, et ceci 3 fois de suite.

ENTRAÎNEMENT DES YEUX

- Posez sur une table différents objets de la vie quotidienne : une cuillère, un stylo, une feuille, une montre. Demandez à votre enfant d'observer avec attention et de mémoriser la série d'objets pendant 30 secondes, puis de fermer les yeux. Retirez et cachez un des objets. Votre enfant doit alors identifier l'objet manquant. Alternez, en ajoutant un objet qu'il devra deviner.

Exercez sa mémoire gustative et olfactive

Pour stimuler les papilles gustatives et l'odorat de votre enfant, et favoriser sa capacité de concentration, proposez-lui de développer sa mémoire gustative et olfactive tout en s'amusant.

LE LOTO DES GOÛTS ET DES ODEURS

- Remplissez des petits contenants avec des produits de **saveurs différentes** (salé, sucré, amer, acide) comme un quartier de citron, un morceau de biscuit, du chocolat en poudre... Bandez les yeux de votre enfant et faites-lui goûter chaque aliment en prenant son temps. Laissez-le deviner de quoi il s'agit et préciser si possible la saveur.
- Remplissez des petits contenants avec des aliments ayant des odeurs significatives : jus d'orange, vanille, melon, menthe, banane, grenadine, etc. Bandez les yeux de votre enfant et faites-lui sentir les différentes odeurs. Il doit essayer de deviner chaque parfum.

Exercez sa mémoire auditive

La mémoire auditive est la capacité à décrypter et à retenir les informations de nature auditive entendues telles que des voix, des notes de musique, des paroles, etc. Essentielle pour les apprentissages scolaires et déterminante dans la compréhension de la parole, elle est constamment sollicitée pour enregistrer et réutiliser les informations sonores du quotidien.

La mémoire auditive de votre enfant gagne en efficacité au fur et à mesure de ces apprentissages. Aidez-le à l'entretenir et à la développer grâce à des petits jeux.

JEUX DE LANGAGE

- Proposez à votre enfant de jouer à un petit jeu de langage : « Je pars en voyage et j'emporte... » Commencez par proposer un objet puis votre enfant en rajoute un autre. Chaque participant doit énumérer la liste des objets énoncés avant d'y rajouter un autre objet : « Je pars en voyage et j'emporte un sac, un vélo, un chapeau, un livre... » Vous pouvez varier ce jeu en proposant d'autres alternatives : « Je vais au marché et j'achète... » ou encore « Je vais à la plage et je fais... »

JEUX DE RYTHME

- Proposez un rythme à votre enfant en frappant des mains, en claquant des doigts ou en tapant des pieds. Votre enfant doit reproduire à l'identique le rythme que vous avez donné. Vous pouvez proposer des rythmes de plus en plus compliqués et d'une durée de plus en plus longue selon l'âge et les progrès de votre enfant.

LES DEVINETTES SONORES

- Sélectionnez plusieurs objets pouvant émettre des sons : un trousseau de clés, deux cuillères à taper l'une contre l'autre, une clochette, une feuille de papier à froisser, un paquet de riz à secouer, etc. Demandez à votre enfant de fermer les yeux, d'écouter et de deviner successivement chaque son.

Exercez sa mémoire kinesthésique

Certains enfants apprennent avec leur corps en touchant, manipulant. Ils ont développé une mémoire kinesthésique. Pour améliorer la capacité de concentration de votre enfant, n'hésitez pas à stimuler cette mémoire.

JE TOUCHE ET JE DEVINE

1/ Disposez sur une table une dizaine d'objets de la vie courante : clé, brosse à dents, fourchette, stylo, paille, gomme, gobelet, petite voiture, peigne, etc.

2/ Laissez votre enfant observer les objets pendant 30 secondes.

3/ Bandez-lui les yeux et mélangez les objets sur la table.

4/ Votre enfant doit venir poser ses mains sur chaque objet et deviner, par le toucher, duquel il s'agit en s'aidant de leur forme, leur texture, etc.

5/Chronométrez votre enfant, le but étant de reconnaître le plus d'objets en 5 minutes.

6/En fonction de l'âge de votre enfant, choisissez des objets plus ou moins difficiles à identifier par le volume, des détails, la texture... Vous pouvez aussi proposer, pour les plus aguerris, des objets similaires comme des crayons et des stylos de différentes tailles et textures. Demandez alors à votre enfant de décrire les différences.

LE SAC MYSTÈRE

1/Mettez dans un sac différentes matières : un morceau d'aluminium, une feuille de papier, un mouchoir, un morceau de tissu, un peu de coton, une éponge grattante, une plume...

2/Proposez à votre enfant de plonger la main dans le sac et de découvrir son contenu. Avant qu'il n'essaie de deviner ce que c'est, demandez-lui de décrire ce qu'il perçoit : l'objet est-il chaud ou froid ? Est-il dur ou mou ? lisse ou rugueux ?

3/Puis, lorsqu'il a découvert de quelle matière il s'agit, il peut sortir chaque élément l'un après l'autre du sac. La partie est terminée lorsqu'il a découvert tous les objets.

Pratiquez la Brain Gym

Améliorez les capacités d'apprentissage, d'organisation et de concentration de votre enfant grâce à la réalisation des mouvements de la Brain Gym.

LE MOUVEMENT, CLÉ DE L'APPRENTISSAGE

La Brain Gym, éducation kinesthésique ou gymnastique du cerveau, a été inventée dans les années 1980 par le DR Dennison qui a développé 26 exercices ludiques de **gymnastique des neurones** inspirés du yoga, de la psychomotricité, de l'ergothérapie ou encore de la médecine chinoise. La réalisation de mouvements en alternance entre les deux parties du corps permet de **stimuler les deux hémisphères cérébraux et améliore le lien entre le corps et l'esprit**. Effectués quotidiennement, ces mouvements, facilement réalisables seul, aideront votre enfant à **développer sa concentration, à mieux gérer son stress, mais aussi à favoriser ses apprentissages**.

LE 8 COUCHÉ

1/ Demandez à votre enfant de se tenir debout et de tendre un bras devant lui à hauteur des yeux, pouce levé.
2/ Proposez-lui de dessiner en l'air un 8 couché (le symbole de l'infini), en commençant par le centre et en remontant vers le haut.
3/ Invitez-le à suivre le mouvement de la main avec les yeux sans bouger la tête.
4/ Demandez-lui de réaliser cet exercice 3 fois avec un bras, 3 fois avec l'autre bras et 3 fois avec les deux bras.

LES MOUVEMENTS CROISÉS

1/ Invitez votre enfant à se mettre debout avec les bras le long du corps.
2/ Proposez-lui de lever son genou droit et de poser sa main gauche dessus, puis de reposer son pied au sol. Ensuite, demandez-lui de lever son genou gauche, de poser sa main droite dessus et de reposer de nouveau son pied. Alterner 3 fois chaque jambe. Ensuite, renouveler le même enchaînement 3 fois alternativement, mais cette fois-ci en venant toucher le genou droit avec le coude gauche et le genou gauche avec le coude droit.

Diagnostiquer le TDAH

Le **trouble du déficit de l'attention avec ou sans hyperactivité (TDAH)** est un trouble neuro-développemental chronique caractérisé par une inattention, une impulsivité marquée et une agitation incessante. Ces symptômes sont **fortement prononcés** et ils se manifestent dans **plusieurs domaines de la vie quotidienne de l'enfant** (à la maison et à l'école) et sur une période de 6 mois au minimum. Un enfant peut souffrir d'un **déficit de l'attention** sans toutefois présenter des signes d'hyperactivité.

Le TDAH est un trouble qui doit être **diagnostiqué par un médecin et pris en charge avec un programme de soins appropriés**. Celui-ci pourra inclure la prise de médicaments, une thérapie comportementale et cognitive, une thérapie familiale. Si vous pensez que votre enfant souffre de ce trouble, n'hésitez pas à consulter.

Offrez votre amour

Les recherches les plus récentes sur le cerveau humain ont prouvé qu'une **éducation empathique et respectueuse permet au cerveau de se développer de façon optimale.** Ni permissive ni punitive, l'éducation bienveillante vous invite à **savoir écouter, comprendre, protéger et respecter** votre enfant tout en sachant **fixer des limites et un cadre.**

...ET VOTRE BIENVEILLANCE

Les câlins, les bisous et les mots d'amour sont des ressources précieuses pour votre enfant quel que soit son âge. Il a besoin de remplir quotidiennement **son réservoir de confiance et de tendresse. Souriez et aimez votre enfant**, car les émotions agréables augmentent les capacités d'apprentissage et en particulier la concentration et la mémorisation.